LE
MIEL ET LA CIRE

Format In-18.

LEÇONS DE CHOSES

Le miel et la cire

LEÇONS DE CHOSES

POUR LES PETITS ENFANTS

LE

MIEL ET LA CIRE

PAR

MARC BARRIÈRES

Ancien Professeur.

LIMOGES

MARC BARBOU et Cᵢₑ, IMPRIMEURS-LIBRAIRES

C.

LE

MIEL ET LA CIRE

I

Vous n'avez pas oublié, petits enfants, notre visite au rucher de la ferme (1). Nous avons vu les abeilles bourdonnant affairées autour des plantes et puisant dans le calice des fleurs la substance sucrée qui constitue le miel.

(1) *Les Petites Abeilles* — Série In-32.

Les abeilles, en effet, ne fabriquent pas le miel, comme on l'a cru bien longtemps ; elles le trouvent tout fait sur les végétaux et ont pour mission de le récolter.

Une croyance encore plus ancienne, et non moins fausse, c'est que le miel tombait du ciel sous forme de rosée que les abeilles s'empressaient d'emmagasiner dans leurs ruches.

Il n'est pas étonnant, mes petits amis, que l'incroyable industrie des abeilles ait donné lieu à beaucoup de suppositions; car il n'est peut-être pas un spectacle plus digne d'exciter l'étonnement et l'admiration de l'homme que celui des travaux exécutés dans une ruche avec un ordre et une discipline dont vous avez été émerveillés

C'est le désir de suivre dans tous leurs détails les travaux des abeilles qui a fait imaginer les ruches vitrées, offrant, à toute heure du jour et dans presque toutes les saisons, le spectacle le plus attrayant et le plus instructif.

Et ce n'est pas seulement de nos jours que les opérations diverses des laborieux insectes ont éveillé la curiosité des observateurs :

Pline le naturaliste, qui vivait il y a plus de 1,800 ans, nous apprend que le philosophe *Aristomachus* avait passé soixante ans de sa vie à étudier les abeilles, et qu'un sénateur romain fit construire des ruches avec la corne la plus transparente, car on ne connaissait pas le verre à cette époque.

C'est dans les nectaires des

fleurs que se trouve la déli-
cieuse liqueur dont les abeilles sont si friandes ; et, les in-
dustrieux insectes avaient
constaté, bien avant les bota-
nistes, l'existence de ces glan-
des cachées tout au fond du
calice.

Quelquefois cette même
substance, qui a l'aspect du
sirop, vient s'épancher sur les
fruits murs ou sur les feuilles
de certains végétaux, notam-
ment de l'érable.

La langue de l'abeille, qui
fait l'office d'un piston s'allon-
geant et se recourcissant al-

ternativement, puise les gout-
telettes de cette liqueur suave,
connue sous le nom de *miel-*

Ruche.

lat, et qui n'est autre chose
que du miel brut.

Introduit d'abord dans la
bouche de l'insecte, le miellat
passe ensuite dans le premier

estomac que les enfants de la campagne appellent la *bouteille à miel* : Là il s'épure, et subit une espèce de concentration, ou plutôt de cuisson avant d'être emmagasiné dans la ruche.

II

Il faut que l'abeille s'arrête sur bien des fleurs avant de récolter une quantité de miel suffisante pour remplir son estomac.

Lorsque cette bouteille à

miel est pleine, l'insecte re-
tourne à la ruche sans que
rien, à l'extérieur, indique le
précieux butin qu'elle vient
de conquérir.

A la voir ainsi rentrer sans
pelotes aux pattes, comme
celles de ses compagnes qui
ramassent le pollen, on la
prendrait pour une pares-
seuse, si on ne savait que tout
le fruit de son laborieux travail
est contenu dans son jabot.

Dès qu'elle est arrivée à la
ruche, elle dégorge le miel
dans une cellule. Comme la récolte apportée en une fois par

une abeille n'est qu'une toute petite partie de ce que peut contenir la cellule, il faut, pour la remplir, le concours d'un grand nombre d'ouvrières.

Ce n'est pas au hasard que le miel est versé dans les cellules ; celles des gâteaux de la partie supérieure de la ruche sont les premières remplies, et le concours de plusieurs ouvrières est indispensable pour cette opération.

Quoique le miel soit fluide, et que les alvéoles soient comme des vases renversés, les abeilles ne sont pas embarrassées pour les remplir.

Qu'il y ait peu ou beaucoup de miel dans le cellule, la dernière couche se prend en croûte et empêche la provision de se répandre hors du vase.

L'abeille qui apporte du miel fait passer sous cette pellicule les extrémités de ses premières pattes ; et, par cette ouverture, elle lance dans la cellule le miel dont son estomac est rempli.

Avant de se retirer, elle raccommode la petite ouverture et celles qui suivent font de même. La masse de miel, en augmentant, fait reculer la pellicule, et c'est ainsi que la cellule se trouve, sans encombre, remplie d'un miel fluide.

Les abeilles couvrent d'un petit couvercle de cire les cellules dont le contenu est destiné aux provisions d'hiver, tandis que celles qui contiennent la nourriture journalière de la colonie sont constamment ouvertes.

Souvent l'abeille, au lieu d'aller verser son miel dans une cellule, se rend aux ateliers des travailleuses ; elle allonge sa trompe et offre de la nourriture à ses compagnes qui ne sont pas obligées d'interrompre l'ouvrage commencé.

Il arrive que la récolte étant très abondante, les cellules construites ne suffisent pas à l'emmagasiner. Nos petites abeilles donnent dans ces occasions des preuves d'une véritable intelligence : Elles allongent les anciennes cellules, donnent aux nouvelles de plus grandes dimensions et ne perdent rien des trésors que la Providence leur envoie avec une généreuse prodigalité.

III

L'élevage des abeilles, l'ensemble des soins que nécessite le rucher, la récolte du miel et de la cire constituent *l'apiculture* ou culture des abeilles.

La récolte du miel est loin d'être toujours en égale abondance, et le profit que l'homme retire de la culture des abeilles varie extrêmement suivant les années et les pays.

Les contrées couvertes de

2

prairies remplies de fleurs,
entrecoupées de petits ruis-
seaux ; celles où les bois al-
ternent avec les champs cul-
tivés ; les plaines garnies de
sainfoin, de luzerne, de sarrazin sont les plus favorables
aux abeilles, et où, par consé-
quent, les produits sont les
plus abondants.

La manipulation plus ou
moins soignée du miel ne suffit pas pour lui donner de la
qualité ; celle-ci, dépend toujours de sa provenance ; et, en
général, le miel des contrées
chaudes et sèches est meil-

leur et plus parfumé que celui des pays froids et humides.

La couleur de ce produit est ordinairement blanche ou jaune ; cependant, elle varie

Faux-Bourdon.

suivant les contrées : Ainsi, le miel récolté à Madagascar est verdâtre, tandis que celui de la Guyane est rougeâtre.

Il doit surtout sa qualité aux plantes sur lesquelles il a été recueilli.

Le miel le plus parfumé et le plus exquis est celui qui provient de l'oranger, du tilleul et du sainfoin.

Celui que fournissent les fleurs du thym, de la lavande, du romarin, de la marjolaine, de la mélisse, de la sauge, du mélilot, du serpolet est très aromatique et d'excellente qualité.

Le colza, la navette, le chou, la moutarde et généralement toutes les plantes crucifères, donnent un miel abondant mais qui n'a pas la finesse des qualités précédentes.

On voit encore les abeilles rechercher les saules, les groseillers, la bruyère, les ronces, les rosiers, les cerisiers, les fèves, les chèvres-feuilles, les buissons d'aubépine, etc.

Le miel le moins délicat de tous provient de la fleur de sarrazin.

Ce sont les plantes odoriférantes et balsamiques, particulièrement les labiées, qui ont fait la réputation du miel du mont Hybla en Sicile, de celui du mont Hymette, en Grèce.

C'est aux mêmes circonstances que les miels des coteaux du Roussillon et de la montagne de Clape, près de Narbonne, doivent leur réputation.

Au sortir de la ruche, le miel est limpide et filant ; avec le temps il se granule et prend une couleur blanche ; mais le miel provenant des bruyères ou du sarrazin reste toujours plus ou moins rougeâtre.

IV

Il importe que les abeilles soient toujours abondamment pourvues, et le nombre des paniers d'un rucher doit être proportionné à la quantité de nourriture que peut fournir le canton.

Autrefois, petits enfants, on conduisait les abeilles aux champs, comme les bergers conduisent le troupeeu au pâturage

Il était d'usage, chez les Égyptiens, de transporter les ruches dans des bateaux, sur le Nil, et de les conduire dans les endroits où la richesse des fleurs permettait aux abeilles une ample récolte. Quand les

conducteurs des barques ju-
geaient qu'elles avaient tout
moissonné, ils dirigeaient les
bateaux plus loin et les habi-
les glaneuses remplissaient
rapidement les ruches.

Les Italiens, voisins des
rives du Pô, traitaient les
abeilles de la même manière ;
ils les plaçaient dans des barques, sur le fleuve, et les con-
duisaient jusqu'au pied des
montagnes du Piémont, d'où
ils ramenaient les ruches
chargées d'un riche butin.

Les Chinois faisaient également voyager les abeilles

sur les fleuves pour mettre constamment des fleurs à leur portée.

Ce transport était relativement facile lorsqu'on habitait dans le voisinage d'une grande rivière; mais telle était l'importance qu'on attachait à la récolte du miel, que des propriétaires faisaient également voyager les ruches par terre, en les plaçant sur des chariots.

Les Grecs de l'Achaïe, quand les fleurs de leur pays étaient passées, transportaient aussi leurs abeilles dans les contrées où la floraison était plus tardive.

Les propriétaires du Gatinais, faisaient transporter leurs ruches, en charrette, après la récolte des sainfoins, dans les plaines de la Beauce où abonde le mélilot; puis, un peu plus tard, ils les dirigeaient vers la Sologne où la campagne est couverte de sarrazin en fleurs, jusqu'à la fin du mois de septembre.

Un mémoire de Duhamel nous apprend que le profit retiré des abeilles, avec de pareils soins était considérable.

LE MIEL ET LA CIRE

Ruche

On n'est pas bien fixé sur l'époque à laquelle il convient de *tailler* les ruches, c'est-à-dire de récolter le miel.

Dans beaucoup de localités, on opère vers la fin de l'été, tandis que dans d'autres on retire le miel après la sortie des premiers essaims; il en est qui laissent à la disposition des abeilles, pendant l'hiver, tout le miel des ruches et qui n'enlèvent la récolte qu'au printemps.

Il paraît préférable d'enlever la récolte quand les abeilles ont à peu près terminé leur

approvisionnement. Mais,
quelle que soit l'époque adop-
tée, il ne faut tailler que les
ruches bien peuplées et bien
approvisionnées, ce qu'il est
facile de reconnaître à leur
poids.

V

Vous connaissez, petits enfants, la forme et la disposition des paniers qui contiennent les abeilles, puisque
vous avez visité le rucher de la
ferme.

Mais, toutes les ruches ne sont pas construites sur le même modèle. La ruche la plus simple, ou *ruche commune*, est la plus répandue. Tantôt carrée, tantôt cylindrique, elle est faite de planches clouées ensemble, ou bien creusée dans un tronc d'arbre, ou bien encore tressée avec des osiers ou de la paille. Les gâteaux sont soutenus par des bâtons disposés en croix dans son intérieur.

A celle-ci, il faut préférer la *ruche villageoise* qui se compose de deux pièces, l'une cylindrique, et l'autre bombée servant de couvercle à la partie principale qui porte aussi à l'intérieur, des bâtons en croix.

Mais la ruche qui offre le plus d'avantages est formée de cadres superposés, qu'on peut enlever à volonté sans troubler les abeilles ; elle porte le nom de *ruche à hausses*.

Nous allons examiner comment le miel est retiré des ruches, et nous dirons, sans plus tarder, que la fumée est le principal auxiliaire de l'opérateur.

Quand il s'agit d'une ruche commune, on lance quelques bouffées de fumée, par la petite porte ménagée au bas de chaque panier et destinée à donner passage aux abeilles. On décolle ensuite la ruche et on la relève en l'enfumant de nouveau, puis on détache à l'aide d'un couteau, les rayons à miel que l'on dépose dans des terrines. Mais le travail ne s'exécute pas toujours facilement ; et souvent l'opérateur n'en vient à bout qu'au prix de nombreuses piqûres.

Aussi, dans certaines con-

trées, s'est établi l'usage bar-
bare d'étouffer les abeilles au
moyen d'une mèche soufrée.
La récolte se fait alors sans
difficulté ; mais, ouvrières,
reine et couvain, tout périt
asphyxié.

Abeille ouvrière.

Pour extraire le miel d'une
ruche villageoise, il suffit de
décoller la calotte que l'on sou-
lève pour lancer de la fumée.
On l'enlève ensuite et on la dé-

pose à une petite distance, pendant qu'un aide bouche l'ouverture supérieure du corps de la ruche. Un petit passage ayant été ménagé sous la calotte, les abeilles qui s'y trouvent s'empressent d'en sortir et retournent à la ruche.

La récolte s'effectue plus facilement encore dans les ruches à hausses ; on peut toujours enlever la hausse supérieure et la dépouiller, sans déranger les hausses inférieures qui contiennent le couvain et une provision de miel suffisante pour les abeilles.

VI

Lorsque la récolte est terminée, il s'agit de procéder à la manipulation du miel.

Pour cela, on le transporte dans une pièce bien close, à l'abri de l'invasion des abeilles qui ne manqueraient pas d'arriver à tire-d'ailes, si quelque issue leur permettait ce pénétrer jusqu'aux gâteaux qu'on vient de leur ravir.

Le miel sort de la ruche;

il est tiède et se laissera facilement séparer du marc.

On dégage les rayons des traverses de bois qui les soutenaient, et on en fait trois parts : La première est composée des gâteaux de cire nouvelle qui ne contiennent que du miel et pas de pollen. La deuxième comprend les rayons où les cellules à miel, celles à pollen et celles qui ont servi au couvain se trouvent mêlées.

La troisième part est formée des vieux gâteaux où se rencontrent du pollen déjà vieux, des abeilles mortes et du couvain ; ce dernier lot doit être préalablement soumis à un nettoyage qui le débarrasse des matières étrangères qu'il renferme.

Le miel de première qualité, ou *miel vierge,* s'obtient en enlevant avec un couteau les opercules des cellules qui le contiennent et en le laissant couler naturellement.

Pour avoir celui des deux autres qualités, on brise les gâteaux ; on les place sur des claies, sur des toiles ou sur des tamis, et on le laisse couler dans des terrines placées au-dessous.

Enfin, le miel mélangé aux marcs en est séparé au moyen d'une presse, ou bien encore en exposant ces restes de gâteaux à une douce chaleur.

Le miel n'est pas seulement un aliment sain et agréable ; il concourt encore à la formation d'un grand nombre de produits.

Il a tenu lieu de sucre, jusqu'à l'introduction de ce dernier en Europe et, il y a moins de quarante ans qu'il remplaçait encore, dans les campagnes, cette précieuse denrée.

Le miel entre dans la composition du pain d'épice. Mêlé avec de l'eau et livré à la fermentation, il produit l'hydromel, boisson agréable et fort en usage chez nos aïeux, On s'en sert encore dans la fabrication de la bière et du cidre, et la médecine en fait usage pour des tisanes, sirops, etc.

Enfermé dans des barils ou dans des vases de terre et placé dans un endroit frais, à l'abri de l'humidité, le miel

peut se conserver pendant
plusieurs années.

VII

La cire est une matière
grasse élaborée par les abeilles, et qui, à l'état de pureté,
est parfaitement blanche.

Réaumur avait prétendu
qu'elle provenait du pollen
que les abeilles recueillent et
empilent dans les palettes
triangulaires de leurs pattes
postérieures, pour le transporter à la ruche.

On sait aujourd'hui que
les abeilles ne récoltent le
pollen que pour leur servir de

nourriture, bien que le miel
forme leur alimentation principale.

Huber, qui étudia avec une admirable patience les mœurs des abeilles, nous a laissé la relation de ses expériences qui ne laissent aucun doute sur l'origine de la cire.

Ce naturaliste, mort en 1831, était devenu aveugle étant jeune encore. Mais il n'en continua pas moins ses recherches avec la secours de sa femme et de François Burnens, son domestique.

« La cire, dit Huber, est-elle véritablement une secrétion, ou provient-elle d'une récolte particulière ? C'est ce que nous voulions savoir.

« En supposant qu'elle fût une secrétion, nous devions d'abord vérifier l'opinion de Réaumur qui conjecturait qu'elle était due à l'élaboration du pollen dans le corps des abeilles. L'expérience était tout indiquée : Il suffisait de retenir les abeilles dans leur ruche, et de les empêcher ainsi de recueillir ou de manger des poussières fécondantes. Ce fut le 24 mai que nous fîmes cette épreuve sur un essaim nouvellement sorti de la ruche mère.

« Nous logeâmes cet essaim dans une ruche de paille vide avec ce qu'il fallait de miel et d'eau pour la consommation des abeilles, et nous fermâmes les portes avec soin, afin de leur interdire, toute possibilité de sortir : on laissa cependant un libre passage à l'air, dont le renouvellement pouvait être nécessaire aux mouches captives.

« Les abeilles furent d'abord très agitées ; nous parvînmes à les calmer en plaçant leur ruche dans un lieu frais et obscur. Leur captivi-

té dura cinq jours entiers. Au
bout de ce temps, nous leur
permîmes de prendre l'essor
dans une chambre dont les fe-
nêtres étaient soigneusement
fermées ; nous pûmes alors
visiter leur ruche plus com-
modément ; elles avaient con-
sommé leur miel, mais la ruche, qui ne contenait pas un
atome de cire lorsque nous y
établîmes les abeilles, avait
acquis, dans l'espace de cinq
jours, cinq gâteaux de la plus
belle cire. Ils étaient suspen-
dus à la voûte du panier ; la
matière en était d'un blanc

parfait et d'une grande fragi-
lité. Ce résultat dont nous ne
tirerons pas encore les consé-
quences, était très remarqua-
ble ; nous ne nous étions pas
attendus à une si prompte et
si complète solution du pro-
blème. Cependant, avant de
conclure que le miel, dont les
abeilles s'étaient nourries,
les avait seul mises en état
de produire de la cire, il fallait s'assurer, par de nouvelles épreuves, qu'on ne pouvait en donner une autre ex-
plication.

IX

« Les ouvrières que nous tenions captives, continue le judicieux observateur, a-vaient pu recueillir les pous-sières fécondantes des fleurs lorsqu'elles étaient en liberté ; elles avaient pu faire des pro-visions la veille et le jour mê-me de leur emprisonnement, et en avoir assez dans leur estomac ou dans leur palette pour en extraire toute la cire que nous avions trouvée dans leur ruche.

« Mais, s'il était vrai qu'elle vînt des poussières fécondantes récoltées précédemment, cette source n'était pas intarissable, et les abeilles, ne pouvant plus s'en procurer, cesseraient bientôt de construire des rayons ; on les verrait tomber dans l'inaction la plus complète : il fallait donc prolonger la même épreuve, pour la rendre décisive.

« Avant de tenter cette seconde expérience, nous eûmes soin d'enlever tous les gâteaux que les abeilles avaient construits pendant leur captivité. Burnens, avec son adresse ordinaire, fit rentrer les abeilles dans leur ruche ; il les y enferma, comme la première fois, avec une nouvelle ration de miel. Cette épreuve ne fut pas longue ; nous nous aperçûmes, dès le lendemain au soir, que les abeilles travaillaient en cire neuve ; le troisième jour, on visita la ruche, et l'on trouva effectivement cinq nouveaux gâteaux aussi réguliers que ceux qu'elles avaient faits pendant leur premier emprisonnement. »

4

L'épreuve, plusieurs fois
répétée, donna constamment
les mêmes résultats, d'où il
fallait nécessairement conclu-

Abeille-Reine.

re que le miel élaboré par les
abeilles produisait de la cire.
Nous avons dit, en faisant
l'histoire des abeilles, comment le miel contenu dans
l'estomac de ces insectes deve-
nait cire par transsudation, et

comment cette matière sortait en petites lamelles, sous les anneaux de l'abdomen.

« Mais, ajoute Huber, il n'était pas impossible que le pollen eût la même propriété; nous ne tardâmes pas à éclairer ce doute par une nouvelle expérience qui n'était que l'inverse de la précédente.

« Cette fois, au lieu de donner du miel aux abeilles, on ne leur donna, pour toute nourriture, que des fruits et du pollen : on renferma ces abeilles sous une cloche de verre où l'on plaça un gâteau dont les cellules ne contenaient que des poussières accumulées. Leur captivité dura huit jours pendant lesquels elles ne firent point de cire ; on ne vit pas de plaques sous leurs anneaux. Pouvait-on encore élever quelques doutes sur la véritable origine de la cire? Nous n'en avions aucun. Il nous parut donc démontré que la partie sucrée du miel met les abeilles qui s'en nourrissent en état de produire de la cire, propriétés que les poussières fécondantes des fleurs ne possèdent nullement. »

X

Nous venons de voir, petits enfants, d'où provient la cire. Ce qui reste des gàteaux après l'extraction du miel forme le marc, et c'est de ce marc qu'on retire la cire.

Lorsque tout le miel a été recueilli, on coupe les rayons, on les soumet à une forte pression pour en expulser la matière visqueuse qui pourrait y être contenue ; on forme ainsi une masse qu'il ne reste plus qu'à fondre.

A cet effet, on remplit d'eau une chaudière, à peu près aux deux tiers ; et, lorsque cette eau va atteindre le point d'ébullition, on y jette la cire. On sait que cette substance, dure et cassante, se ramollit à 30° et entre en fusion à 64°. Il ne faut donc qu'un feu modéré pour amener la fusion complète.

En laissant refroidir, les impuretés se précipitent au fond du vase ; et lorsque la cire est complètement figée,

on l'enlève et on en retranche
la partie inférieure où se sont
réunies toutes les impuretés
et qu'on appelle *pied de
cire.*

Le plus souvent, lorsque
les morceaux de gâteaux sont
complètement fondus, on verse la cire dans des sacs en toi-
le grossière ; et, au moyen
d'une presse, on la sépare
d'avec le marc.

La cire qui découle des
sacs est recueillie dans des
vases à demi remplis d'eau
chaude, dans lesquels on la
pétrit à plusieurs reprises

pour la débarrasser des impuretés qu'elle contient.

Mais, il est nécessaire de la fondre une seconde fois pour la purger complètement de toutes matières étrangères; on la verse ensuite dans des moules où on la laisse refroidir.

La cire ainsi obtenue est dite *cire jaune;* malgré les manipulations qu'elle a subies, il lui reste encore un goût de miel assez prononcé.

On la dépouille de sa couleur et de son odeur en la soumettant à deux opérations

nouvelles : La *purification* et
le *blanchiment.*

Pour la purifier, on la fait
fondre dans des chaudières

chauffées au bain-marie.
Après l'avoir abandonnée
quelque temps à elle-même
pour donner aux matières é-
trangères le temps de se dé-

poser, on la fait ecouler dans un réservoir où on la laisse de nouveau reposer pour obtenir un nouveau dépôt.

On la décante une seconde fois, et on l'introduit dans des lingotières, espèces de boîtes percées de trous à travers lesquels elle passe pour tomber en minces filets sur un cylindre de bois plongé en partie dans une cuve pleine d'eau fraîche.

Lorsque la cire arrive à la surface du cylindre de bois, on imprime à ce dernier un mouvement de rotation assez lent. La cire, en s'enroulant, se transforme en rubans qui se solidifient au contact de la fraîcheur de l'eau.

On place ensuite ces rubans de cire sur des toiles bien tendues, et on les abandonne en plein air.

L'action alternative de la rosée et des rayons du soleil détruit ce qui reste des matières odorantes et colorantes, et on a de là cire bien blanche qui est, en même temps, absolument inodore.

Enfin, la cire est fondue encore une fois pour être cou-

lée en petits pains, et vendue
sous le nom de *cire vierge*.

XI

Il nous reste à examiner,
petits enfants, les différents
usages de la cire.

C'est la cire jaune qui sert
à donner aux parquets des
appartements et à certains
meubles ce lustre et cet éclat
qui sont les indices de la pro-
preté et d'un bon entretien.
Elle est aussi employée à la

fabrication des cierges desti-
nés, dans les églises, aux
cérémonies funèbres.

Mais on emploie surtout la
cire blanche pour la fabrication des cierges et des bou-
gies. Autrefois, bien plus
qu'aujourd'hui, la cire jouait
un grand rôle dans l'éclai-
rage.

Comme cette substance
très ductile est également sus-
ceptible de recevoir et de conserver les formes les plus
diverses, les modeleurs en
fabriquent des fleurs et des
fruits qui rivalisent de fraî-

cheur, d'éclat et de velouté avec les plus beaux spécimens des plantes et des arbres de nos jardins.

C'est encore avec de la cire que sont modelées les nombreuses pièces d'anatomie destinées à l'enseignement, et les personnages des musées qu'on exhibe sur les places publiques.

Vous avez vu, petits enfants, de ces pièces exécutées avec tant d'art qn'on les prendrait pour des personnes vivantes. L'illusion est complétée par un mécanisme dissimulé dans l'intérieur du personnage et qui commmunique le mouvement aux bras aux jambes, à la tête, aux yeux, etc.

C'est la cire qui forme la base de la plupart des cérats et d'un grand nombre de préparations pharmaceutiques.

On en fait usage dans un genre de peinture, dite peinture à l'encaustique.

La cire à sceller, qu'il ne faut pas confondre avec la cire à cacheter, est un mélange de quatre parties de cire blanche avec une partie de thérébentine de Venise.

La substance est colorée en rose pâle avec du vermillon, puis roulée en cylindre.

Il suffit, quand on veut en faire usage, de la ramollir en la pétrissant avec les doigts.

FIN.

Limoges. — Imp. Marc Barbou et Cie.

A cet effet, le Maire remettra au so[...]
même de l'Eglise si l'entrée du clocher[...]
de l'Eglise.

Il ne pourra être fait usage de cett[...]
remonter l'horloge publique lorsque[...]
dans l'édifice religieux, ou encore po[...]
tecte expert l'état des réparations à [...]
dans le cas prévu par l'article 97 § [...]

TITRE

DISPOSITIONS G[...]

www.ingramcontent.com/pod-product-compliance
Lightning Source LLC
LaVergne TN
LVHW022028080426
835513LV00009B/922